Leo Tolstoi

Briefe: Einblick in die Gedanken Tolstois

Leseempfehlungen (als Print & e-Book von e-artnow erhältlich)

Manfred von Richthofen
Der rote Kampfflieger (Der Rote Baron): Die Autobiografie

Marcel Proust
Gesammelte Werke: Romane + Erzählungen

Gertrude Aretz
Elisabeth von England (Das Werden einer Königin)

Max Eyth
Im Strom unserer Zeit

Wolfgang Amadeus Mozart
Mozarts Briefe

Johanna Schopenhauer
Johanna Schopenhauer: Jugendleben und Wanderbilder

Platon
Die Briefe (Vollständige deutsche Ausgabe)

Martin Luther
Gesammelte Briefe

Oscar Wilde
De Profundis (Deutsche Ausgabe)

Leo Tolstoi
Gesammelte autobiografische und politische Schriften: Meine ersten Erinnerungen + Eine Schande + Zur Frage von der Freiheit des Willens + Satirisches Gedicht + Meine Beichte + Briefe

Leo Tolstoi

Briefe: Einblick in die Gedanken Tolstois

Patriotismus oder Frieden? + Brief an die Frau Baronin Rosen + Brief an einen Polen + Brief an die Redaktion der Londoner Zeitung "Daily Chronicle" (Korrespondenz von Lew Tolstoi)

e-artnow, 2018
ISBN 978-80-273-1614-4

Inhaltsverzeichnis

Brief an die Frau Baronin Rosen	12
Brief an die Redaktion der Londoner Zeitung »Daily Chronicle«	15
Brief an einen Polen	18
Patriotismus oder Frieden?	21

I.

Brief an die Frau Baronin Rosen.

Folgende drei Fragen haben Sie, gnädige Frau, an mich gerichtet:

1. Sollen auch geistig nicht besonders Begabte einen Ausdruck in Worten für die von ihnen erkannten Wahrheiten des inneren Lebens suchen?
2. Soll man in seinem inneren Leben nach voller Erkenntnis streben?
3. Wonach sollen wir uns in Augenblicken des Kampfes und des Schwankens richten, um zu erfahren, ob in unserem Inneren wirklich unser Gewissen spricht oder unser Verstand, der in unserer Schwachheit befangen ist?

Die dritte Frage habe ich der Kürze wegen in anderen Worten ausgedrückt, glaube aber, deren Sinn getroffen zu haben.

Diese drei Fragen stießen nach meiner Ansicht zu einer einzigen zusammen, – der zweiten, denn wenn man nicht nach voller Erkenntnis seines inneren Lebens streben soll, so ist es unnötig und unmöglich, die von uns erkannten Wahrheiten in Worten auszudrücken, und man hat nichts, woran man sich in Augenblicken des Schwankens halten könnte, um zu erfahren, ob in uns das Gewissen spricht oder der trügerische Verstand. Wenn man aber nach der höchsten dem menschlichen Verstand (welcher Art auch dieser Verstand sein mag) zugänglichen Erkenntnis streben soll, so sollen wir auch die von uns erkannten Wahrheiten in Worten ausdrücken, und eben an diese bis zur vollen Erkenntnis gebrachten und ausgesprochenen Wahrheiten sollen wir uns halten in Augenblicken des Kampfes und des Schwankens. Und deshalb habe ich Ihre zweite und Grundfrage bejahend zu beantworten, nämlich daß jeder Mensch zur Erfüllung seiner Bestimmung auf Erden und zur Erreichung des wahren Glücks (was immer zusammenfällt) immer alle seine Geisteskräfte darauf richten soll, sich selbst jene religiösen Grundlagen, durch die er lebt, das heißt den Sinn des Lebens, klarzustellen.

Unter ungebildeten Arbeitern, welche Erde ausgruben und dabei kubische Maße auszurechnen hatten, habe ich oft die weit verbreitete Ansicht getroffen, die mathematische Berechnung sei trügerisch und man dürfe ihr nicht trauen. Vielleicht deshalb, weil sie die Mathematik nicht kennen, oder weil die Leute, welche mathematische Berechnungen für sie machten, sie absichtlich oder unabsichtlich oft betrogen haben, hat sich bei ihnen die Überzeugung festgesetzt, die Mathematik sei unglaubwürdig und untauglich zur Bestimmung der Maße und ist für die Mehrzahl der ungebildeten Erdarbeiter zu einer unzweifelhaften Wahrheit geworden, für welche jeder Beweis überflüssig sei. Eine ähnliche Ansicht hat sich bei Menschen festgesetzt, die ich offen irreligiös nenne, – nämlich die Ansicht, der Verstand könne religiöse Fragen nicht lösen, die Anwendung des Verstandes auf solche Fragen sei eine Hauptursache von Irrtümern – der Versuch, religiöse Fragen durch den Verstand zu lösen, sei frevelhafter Hochmut. Ich sage das deshalb, weil der in Ihren Fragen liegende Zweifel daran, ob man nach Erkenntnis in seinen religiösen Überzeugungen streben solle, nur auf der Voraussetzung beruhen kann, daß der Verstand zur Lösung religiöser Fragen nicht angewendet werden könne. Eine solche Voraussetzung ist aber ebenso sonderbar und offenbar falsch, wie die Meinung, mathematische Probleme können nicht durch Ausrechnung gelöst werden.

Dem Menschen ist direkt von Gott nur ein Werkzeug der Erkenntnis seiner selbst und seiner Beziehungen zur Welt gegeben worden – und kein anderes – und dieses Werkzeug ist der Verstand. Und nun sagt man ihm, er könne den Verstand zur Lösung der Fragen anwenden, welche das Haus, die Familie, die Wirtschaft, die Politik, die Wissenschaften, die Kunst betreffen, nur nicht zur Aufklärung dessen, wofür er ihm eben verliehen wurde, und zur Klarstellung der wichtigsten Wahrheiten, von deren Erkenntnis sein ganzes Leben abhängt, dürfe der Mensch durchaus nicht den Verstand anwenden, sondern er müsse diese Wahrheiten mit Umgehung des Verstandes begreifen, während der Mensch mit Umgehung des Verstandes doch überhaupt nichts begreifen kann. Man sagt ihm: »Erkenne die Offenbarung des Glaubens.« Aber auch glauben kann der Mensch nicht mit Umgehung des Verstandes. Wenn der Mensch dieses glaubt und jenes nicht, so thut er dies nur deshalb, weil ihm der Verstand sagt, an dieses müsse man glauben, an jenes nicht. Die Behauptung, der Mensch dürfe sich nicht von seinem Verstand leiten lassen, ist ebenso unsinnig, als wollte man einem Menschen in einer unterirdischen Höhle, der eine Lampe trägt, raten, um aus der Höhle den Ausweg zu finden, müsse er die Lampe auslöschen und sich nicht vom Licht, sondern von etwas anderem leiten lassen.

Aber vielleicht wird man einwenden, wie auch Sie in Ihrem Brief sagen, daß nicht alle Menschen mit großem Verstand und der besonderen Fähigkeit begabt seien, ihren Gedanken Ausdruck zu geben und daß der ungeschickte Ausdruck der Gedanken über die Religion Irrtümer hervorrufen könne. Darauf antworte ich mit den Worten des Evangeliums: »Was den Weisen verborgen ist, das ist den Kindern offenbar.« Und dieser Ausspruch ist keine Übertreibung und kein Paradox, als welche man gewöhnlich solche Aussprüche des Evangeliums ansieht, welche uns nicht gefallen, sondern das ist eine Bestätigung der einfachsten, unzweifelhaften Wahrheit, daß jedem Wesen in der Welt ein Gesetz gegeben ist, das dieses Wesen befolgen soll, und daß zur Erkenntnis dieses Gesetzes jedem Wesen dazu dienliche Organe gegeben sind. Und darum ist jeder Mensch mit Verstand begabt, und in diesem Verstand wird jedem Menschen das Gesetz, das er befolgen soll, geoffenbart. Verborgen ist dieses Gesetz nur solchen Menschen, welche es nicht befolgen wollen, und um das Gesetz nicht zu befolgen, sich vom Verstand lossagen, und anstatt zur Erkenntnis der Wahrheit sich des ihnen gegebenen Verstandes zu bedienen, den Anweisungen ebensolcher Menschen, wie sie selbst sind, folgen, welche sich vom Verstand losgesagt haben.

Das Gesetz aber, das der Mensch beobachten soll, ist so einfach, daß es jedem Kind verständlich ist, um so mehr, als der Mensch nicht nötig hat, das Gesetz seines Lebens selbst aufs neue zu entdecken. Menschen, welche vor ihm lebten, haben es entdeckt und ausgesprochen, und der Mensch hat nur nötig, es mit seinem Verstand zu prüfen, die Grundsätze anzunehmen oder nicht anzunehmen, welche er in der Überlieferung ausgesprochen findet, das heißt nicht so, wie es Menschen anraten, welche das Gesetz nicht befolgen wollen, durch die Überlieferung den Verstand zu prüfen, sondern im Gegenteil durch den Verstand die Überlieferung.

Die Überlieferungen können von Menschen kommen und falsch sein, der Verstand aber kommt sicherlich direkt von Gott und kann nicht falsch sein.

Und darum sind zur Erkenntnis und zum Ausdruck der Wahrheit keine besonderen, hervorragenden Fähigkeiten erforderlich, – man muß nur daran glauben, daß der Verstand nicht nur die höchste göttliche Eigenheit des Menschen ist, sondern auch das einzige Werkzeug zur Erkenntnis der Wahrheit.

Eine besondere geistige Begabung ist meist nicht zur Erkenntnis und Klarstellung der Wahrheit nötig, sondern zur Überlegung und Klarstellung der Irrtümer.

Wenn die Menschen einmal von den Weisungen des Verstandes abgewichen sind, ihm nicht vertrauten, sondern aufs Wort glaubten, was für Wahrheit ausgegeben wird, beginnen sie, solche falsche, unnatürliche und widerspruchsvolle Lehrsätze aufzuhäufen und gläubig anzunehmen, – gewöhnlich in Gestalt von Gesetzen, Offenbarungen, Dogmen, daß es wirklich großen Scharfsinns und besonderer Begabung bedarf, um sie auszulegen und mit dem Leben in Einklang zu bringen. Man stelle sich nur einmal einen Menschen unserer Welt vor, der in den religiösen Grundsätzen irgend einer christlichen Konfession – der katholischen, rechtgläubigen, protestantischen, erzogen wurde und nun danach strebt, die ihm von Kindheit auf eingeflößten religiösen Grundsätze sich selbst klar zu machen. Welche komplizierte geistige Arbeit muß er vollbringen, um alle Widersprüche zu versöhnen, die er in dem ihm von Jugend auf anerzogenen Bekenntnis vorfindet! Gott der Schöpfer hat durch das Heil auch das Böse erschaffen, straft die Menschen am Leben und verlangt Loskaufung u.s.w. Und wir, die wir uns zum Gesetz der Nächstenliebe und Vergebung bekennen, haben die Todesstrafe beibehalten, wir führen Krieg, nehmen den Armen ihre Habe u.s.w. u.s.w.

So ist zur Entwirrung dieser unlöslichen Widersprüche, oder vielmehr um sie uns selbst offenbar zu machen, wirklich viel Geist und besondere Begabung erforderlich. Um aber das Gesetz unseres Lebens kennen zu lernen, oder, wie Sie es ausdrücken, um unseren Glauben zum vollen Bewußtsein zu entwickeln, sind keinerlei besondere Geistesgaben erforderlich – es genügt, nichts zuzugeben, was dem Verstand widerspricht, den Verstand nicht zu verleugnen, denselben sorgfältig zu hüten und nur ihm zu glauben.

Wenn der Sinn des Lebens ihm unklar erscheint, so beweist das nicht, daß der Verstand zur Klarstellung dieses Sinnes nicht geeignet sei, sondern nur, daß schon zu viel Unvernünftiges geglaubt wird und daß man alles das wegwerfen muß, was nicht vom Verstand bestätigt wird.

Und darum kann meine Antwort auf Ihre Grundfrage – ob man nach voller Erkenntnis in seinem inneren Leben streben soll – nur so lauten, daß das die notwendigste und wichtigste Sache ist, die wir in unserem Leben vollbringen können. Notwendig und wichtig ist sie deshalb, weil der einzige vernünftige Sinn unseres Lebens in der Erfüllung des Willens dessen besteht, der uns in dieses Leben gesandt hat. Den Willen Gottes aber erkennt man nicht durch irgend ein Wunder, wie die Niederschrift des Gesetzes auf Steintafeln durch den Finger Gottes oder die Abfassung – eines unfehlbaren Buchs durch den heiligen Geist, oder die Unfehlbarkeit irgend einer heiligen Person oder einer Versamlung von Menschen, sondern nur durch die geistige Thätigkeit aller Menschen, welche einander durch Wort und That ihre sich immer mehr aufklärende Erkenntnis der Wahrheit überliefern.

Diese Erkenntnis ist niemals vollständig gewesen, noch wird sie es sein, vergrößert sich aber beständig in dem Maße, wie das Leben der Menschheit fortschreitet: je länger wir leben, desto klarer und vollständiger erkennen wir den Willen Gottes und folglich auch das, was wir thun sollen, um ihn zu erfüllen.

Und darum glaube ich, daß es Aufgabe eines jeden Menschen ist (so unbedeutend er uns auch erscheinen mag, denn auch Kleine sind zuweilen groß), an der Aufklärung aller jener religiösen Wahrheiten, die ihm zugänglich sind, mitzuarbeiten, sowie an dem Ausdruck derselben in Worten (da der Ausdruck in Worten das einzige unzweifelhafte Anzeichen für die volle Klarheit des Gedankens ist), und daß dies eine der wichtigsten und heiligsten Pflichten jedes Menschen ist.

26. November 1894.
L. Tolstoi.

II.

Brief an die Redaktion der Londoner Zeitung »*Daily Chronicle*«.

Seit dem Erscheinen meines Buches »Das Reich Gottes ist in Euch« und meiner Broschüre »Christentum und Vaterlandsliebe« habe ich oft in Abhandlungen und Briefen Erwiderungen gelesen, welche nicht gerade gegen meine Gedanken, aber gegen eine falsche Auslegung derselben gerichtet sind. Dies geschieht oft bewußt, oft unbewußt nur aus Unkenntnis des Geistes der christlichen Lehre.

»Das ist alles wahr,« sagt man mir, »der Despotismus, die Todesstrafe, die Bewaffnung von ganz Europa, die unterdrückte Lage der Arbeiter, die Kriege, – alles das sind große Übel und Sie haben recht, wenn Sie die jetzige Ordnung der Dinge verurteilen. Aber wie soll man ohne Regierungen auskommen? Welches Recht haben wir Menschen mit beschränkter Erkenntnis und Vernunft, die bestehende Ordnung der Dinge umzustürzen, nur weil wir dies für besser halten, durch welche unsere Vorfahren die jetzige hohe Stufe der Civilisation mit allen ihren Wohlthaten erreicht haben? Wenn wir den Staat vernichten, so müssen wir etwas anderes an seine Stelle setzen. Wenn aber nicht, wie sollen wir dann jene schrecklichen Übel riskieren, welche unvermeidlich entstehen müssen, wenn der Staat vernichtet wird?«

Aber die Wahrheit ist, daß die christliche Lehre in ihrem wahren Sinne niemals vorgeschlagen hat, noch vorschlägt, irgend etwas zu zerstören, und niemals irgend eine neue Institution als Ersatz der früheren vorgeschlagen hat, noch vorschlägt. Die christliche Lehre unterscheidet sich dadurch von allen anderen religiösen und gesellschaftlichen Lehren, daß sie den Menschen das Heil nicht vermittelst allgemeiner Gesetze für das Leben aller Menschen bietet, sondern dadurch, daß sie jedem Menschen einzeln den Sinn seines Lebens klar macht, indem sie ihm zeigt, worin das Übel und worin das wahre Wohl seines Lebens besteht. Und dieser Sinn des Lebens, wie er dem Menschen durch die christliche Lehre geoffenbart wird, ist in solchem Grade klar, überzeugend und unzweifelhaft, daß der Mensch, wenn er ihn einmal begriffen und daher erkannt hat, worin das Übel und worin das Heil seines Lebens besteht, durchaus nicht imstande ist, das zu thun, worin er das Übel seines Lebens erblickt, und das zu unterlassen, worin er das wahre Heil desselben sieht, ganz ebenso, wie das Wasser nicht anders kann, als abwärts zu fließen, und die Pflanze nicht anders, als nach dem Licht zu streben.

Der Sinn des Lebens aber, wie er dem Christen geoffenbart ist, besteht darin, den Willen dessen zu erfüllen, der uns in diese Welt gesandt hat und zu dem wir einst zurückkehren, wenn wir sie verlassen.

Das Übel unseres Lebens besteht also nur in der Abwendung von diesem Willen und das Heil nur in der Erfüllung der Forderungen dieses Willens, welche so einfach und so klar sind, daß es ebenso unmöglich ist, sie nicht zu begreifen, als sie falsch auszulegen. Wenn Du nicht thun kannst, was Du nicht willst, daß man Dir thue, so thue wenigstens auch einem andern nicht, was Du nicht willst, daß man Dir thue. Du willst nicht, daß man Dich nötigt, zehn Stunden täglich in Fabriken oder Bergwerken zu arbeiten, Du willst nicht, daß Deine Kinder hungern, frieren, unwissend bleiben, Du willst nicht, daß man Dir das Land wegnehme, auf dem Du Dich ernähren könntest, Du willst nicht, daß man Dich ins Gefängnis werfe oder aufhänge dafür, daß Du in der Leidenschaft, infolge von Verführung oder Unwissenheit eine ungesetzliche Handlung begangen hast, Du willst nicht, daß man Dich im Krieg verwunde oder töte, – also thue das alles auch andern nicht.

Alles das ist so einfach, klar und zweifellos, daß ein kleines Kind es verstehen muß und keinerlei Sophismen es umstürzen können.

Stellen wir uns vor, daß ein Arbeiter, der sich ganz in der Gewalt seines Herrn befindet, zu einer ihm bekannten und angenehmen Arbeit angestellt sei, und nun plötzlich andere zu ihm kommen, welche, wie er weiß, sich in derselben Abhängigkeit von seinem Herrn befinden, wie er selbst und welchen dieselbe Arbeitsleistung, wie ihm, übertragen wurde und anstatt die ihnen befohlene Arbeit auszuführen, von dem Arbeiter verlangen, das Gegenteil von dem zu thun, was ihm klar und unzweifelhaft vom Herrn befohlen wurde. Was wird jeder vernünftige Arbeiter auf ein solches Verlangen antworten?

Aber dieser Vergleich drückt noch lange nicht das aus, was ein Christ empfinden muß, an den man das Verlangen stellt, an der Unterdrückung, dem Landraub, an Hinrichtungen, Kriegen u.s.w. teilzunehmen, wie dies die Staatsgewalt von uns verlangt; denn so bestimmt auch die Befehle des Herrn für den Arbeiter sein mögen, so kommen sie doch niemals jenem unzweifelhaften Bewußtsein jedes nicht durch falsche Lehren verwirrten Menschen gleich, daß er nicht andern das zufügen soll, was er selbst nicht wünscht, daß ihm angethan werde, und daß er daher nicht teilnehmen soll an Gewaltthaten, Steuererhebungen, Hinrichtungen, an der Ermordung seines Nächsten, was alles die Regierung von ihm verlangt. Für den Christen fragt es sich also nicht, wie die Verteidiger des Staates unabsichtlich, zuweilen aber absichtlich die Frage stellen: ob der Mensch das Recht habe, die bestehende Ordnung umzustürzen und durch eine andere zu ersetzen (der Christ denkt nicht einmal an diese allgemeine Ordnung, überläßt die Leitung derselben Gott, fest überzeugt, daß Gott sein Gesetz nicht der Unordnung, sondern der Ordnung wegen in unsern Verstand und unser Herz gelegt hat und daß aus der Befolgung des uns geoffenbarten unzweifelhaften Gesetzes Gottes nur Gutes hervorgehen kann). Die unvermeidliche Frage nicht nur für jeden Christen, sondern für jeden Menschen überhaupt lautet vielmehr: Wie soll ich mich verhalten bei der beständig an mich herantretenden Wahl: Soll ich im Widerspruch mit meinem Gewissen für die Regierung wirken, welche das Recht auf den Landbesitz Menschen zuerkennt, die es nicht bearbeiten, welche Abgaben von den Armen nimmt, um sie den Reichen zu geben, welche irrende Menschen in die Verbannung und zur Zwangsarbeit schickt und aufhängt, welche die Soldaten zum Mord antreibt, die Völker durch Opium und Branntwein demoralisiert, u. s. w., – oder soll ich, meinem Gewissen folgend, nicht an den Thaten der Regierung teilnehmen, welche meinem Bewußtsein widersprechen? Was aber daraus folgt, was aus dem Staat wird, wenn ich in dem einen oder dem anderen Sinn entscheide, das will und kann ich nicht wissen.

Darin liegt die Kraft der christlichen Lehre, daß sie die Fragen des Lebens aus dem Gebiet der ewigen Zweifel auf den Boden der Zweifellosigkeit überführt.

Aber man sagt: »Auch wir leugnen nicht die Notwendigkeit, die bestehende Ordnung der Dinge abzuändern, und wünschen auch, sie zu verbessern. Aber nicht durch die Weigerung, an der Regierung, an der Justiz, am Heer teilzunehmen, noch durch die Vernichtung des Staates wollen wir die Besserung herbeiführen, sondern im Gegenteil durch die Teilnahme an der Regierung, durch Erwerbung von Freiheit und Rechten, durch die Wahl von wahren Volksfreunden und Gegnern des Krieges und jeder Gewaltthat zu Vertretern.« Alles das wäre sehr gut, wenn die Mitwirkung zur Verbesserung der Regierungsform mit dem Zweck des menschlichen Lebens identisch wäre. Unglücklicherweise aber sind beide nicht nur nicht identisch, sondern widersprechen einander sogar.

Denn wenn das menschliche Leben auf diese Welt beschränkt ist, so liegt sein Zweck oder Ziel bedeutend näher, als in der allmählichen Vervollkommnung der Regierung, – es liegt in dem persönlichen Wohl. Wenn aber das Leben nicht mit dem Dasein auf dieser Welt zu Ende geht, so ist der Zweck, das Ziel ein viel ferneres, größeres, es liegt in der Erfüllung des Willens Gottes. Ist das Ziel mein persönliches Wohl und endigt das Leben hier, – was geht mich dann die zukünftige langsame Verbesserung des Staates an, welche aller Wahrscheinlichkeit nach erst zu einer Zeit eintritt, wo ich nicht mehr bin? Wenn aber mein Leben unsterblich ist, so ist das Ziel der Verbesserung des englischen, deutschen, russischen, oder irgend eines Staates im zwanzigsten Jahrhundert zu klein für mich und kann die Anforderungen meiner unsterblichen Seele keineswegs befriedigen. Ein genügender Zweck für mein Leben kann demnach nur sein entweder mein sofortiges Wohlbefinden, das keineswegs zusammenfällt mit staatlicher Thätigkeit in Bezug auf Abgaben, Justiz, Krieg, oder die ewige Rettung meiner Seele, welche nur durch die Erfüllung des Willens Gottes zu erlangen ist. Dieser Wille aber fällt gleichfalls nicht zusammen mit dem Verlangen nach Gewaltthat, Hinrichtungen, Krieg der bestehenden Ordnung.

Und darum wiederhole ich: Nicht nur für jeden Christen, sondern auch für jeden Menschen unserer Zeit liegt die Frage nicht darin: »Welches Gemeinwesen wird gesicherter sein, dasjenige, welches durch Gewehre, Kanonen und Galgen geschützt wird, oder das, welches nicht durch diese Schutzmittel behütet wird?« Die Frage ist vielmehr für alle Menschen eine und dieselbe und man kann ihr nicht ausweichen, nämlich: »Willst Du, ein vernünftiges und gutes Wesen, das heute erschienen ist und morgen wieder verschwinden kann, – willst Du, wenn Du an Gott glaubst, seinem Gesetz und Willen zuwider handeln, obgleich Du weißt, daß Du jeden Augenblick zu ihm berufen werden kannst, oder, wenn Du nicht an Gott glaubst, jenen Eigenschaften des Verstandes und der Liebe zuwiderhandeln, welche allein Dir als Richtschnur im Leben dienen können, obgleich Du weißt, daß, wenn Du Dich irrst, Du niemals imstande sein wirst, Deinen Irrtum wieder gut zu machen?

Und die Antwort auf diese Frage kann für die Menschen, für welche sie aufgeworfen wurde, nicht anders lauten als: »Nein, ich kann nicht, ich will nicht!«

Man wird sagen: »Das ist der Umsturz der Regierung und die Vernichtung der bestehenden Ordnung.« Aber wenn die Erfüllung des Willens Gottes die bestehende Ordnung umstürzt, – ist das nicht ein unzweifelhafter Beweis dafür, daß die bestehende Ordnung dem Willen Gottes widerspricht und zerstört werden muß?

15. Dezember 1894.
Leo Tolstoi.

Brief an einen Polen.

Marian Edmundowitsch!

Ihren Brief habe ich erhalten und beeilte mich, Ihre Abhandlung im »Nordischen Boten« zu lesen. Ich bin Ihnen sehr dankbar dafür, daß Sie mich darauf hingewiesen haben. Die Abhandlung ist vorzüglich, ich habe daraus viel gelernt, was mir sehr erfreulich ist. Ich wußte von Mickiewitsch und Tobjanski. Aber ich schrieb ihre religiöse Stimmung ausschließlich den Eigenheiten dieser beiden Menschen zu. Aus Ihrer Abhandlung habe ich aber gesehen, daß sie nur die Schöpfer einer durch den Patriotismus hervorgerufenen, durch seine Erhabenheit und Aufrichtigkeit tief rührenden, wirklich echt christlichen Bewegung waren, welche noch jetzt fortdauert. Mein Aufsatz »Patriotismus und Christentum« hat sehr viele Erwiderungen hervorgerufen, sowohl von Philosophen als Publizisten, sowohl russischen und französischen, als deutschen und österreichischen. Auch Sie geben eine Erwiderung darauf. Und alle Erwiderungen, auch die Ihrige, laufen darauf hinaus, daß meine Verurteilung des Patriotismus gerechtfertigt sei in Beziehung auf den schlechten Patriotismus, – aber keine Begründung habe, wenn man sie auf den guten und nützlichen Patriotismus anwenden wolle. Das aber, worin der gute und nützliche Patriotismus bestehe und durch was er sich von dem schlechten unterscheide, hat bis jetzt niemand aufzuklären sich die Mühe gegeben.

Sie schreiben in Ihrem Brief, »daß außer dem kriegerischen, menschenhassenden Patriotismus mächtiger Völker noch ein ganz entgegengesetzter Patriotismus der unterdrückten Völker bestehe, welcher nur danach strebt, den angestammten Glauben und die Muttersprache gegen die Feinde zu verteidigen.« Und durch diese Lage der Unterdrückung wird der gute Patriotismus bestimmt, aber die Unterdrückung oder die Mächtigkeit der Völker macht keinen Unterschied im Wesen dessen, was man Patriotismus nennt. Das Feuer wird immer dasselbe brennende und gefährliche Feuer sein, ob man einen Scheiterhaufen oder ein Zündholz entzündet.

Unter Patriotismus versteht man gewöhnlich die Bevorzugung und die Liebe des eigenen Volkes vor anderen Völkern, ganz ebenso wie man unter Egoismus die bevorzugende Vorliebe für die eigene Persönlichkeit versteht. Und es ist schwer, sich vorzustellen, auf welche Weise eine solche Bevorzugung eines Volkes vor anderen eine gute und daher wünschenswerte Eigenschaft genannt werden kann. Wenn Sie sagen, der Patriotismus sei mehr zu entschuldigen bei einem Unterdrückten als bei einem Unterdrücker, ebenso wie die Erscheinung des Egoismus mehr zu entschuldigen ist bei einem Menschen, den man erwürgt, als bei einem solchen, der durch nichts beunruhigt wird, so kann man nicht umhin, mit Ihnen übereinzustimmen. Aber seine Eigenheit kann der Patriotismus deshalb nicht abändern, weil er entweder als Unterdrücker oder als Unterdrücker erscheint. Und diese Eigenheit der Bevorzugung eines Volkes vor allen anderen kann ebensowenig als der Egoismus gut sein.

Aber außerdem, daß der Patriotismus eine schlimme Eigenschaft ist, ist er auch eine unvernünftige Lehre.

Unter dem Worte Patriotismus versteht man nicht nur die unmittelbare, unwillkürliche Liebe zum eigenen Volk und die Bevorzugung desselben vor anderen Völkern, sondern auch die Lehre, daß eine solche Bevorzugung gut und nützlich sei. Und diese Lehre ist besonders unvernünftig inmitten der christlichen Völker.

Unvernünftig ist sie nicht nur deshalb, weil sie den Grundwahrheiten der Lehre Christi widerspricht, sondern auch deshalb, weil das Christentum auf seinem eigenen Wege alles das erreicht, nach dem der Patriotismus strebt und daher den Patriotismus überflüssig macht, wie eine Lampe bei Tageslicht.

Ein Mensch, wie Krasinski, welcher daran glaubt, »*daß die Kirche Gottes nicht dieser oder jener Ort, nicht dieser oder jener Gebrauch ist, sondern alle Planeten umfaßt und alle überhaupt möglichen Beziehungen der Persönlichkeiten und Völker unter sich*«, kann kein Patriot sein, weil er im Namen des Christentums alles das vollbringt, was der Patriotismus von ihm verlangen kann. Der Patriotismus verlangt zum Beispiel von seinem Anhänger das Opfer seines Lebens zum Wohl seiner

Landsleute, das Christentum aber verlangt das Opfer zum Wohl aller Menschen, und darum selbstverständlich auch für die Angehörigen seines Volkes.

Sie schreiben über jene Gewaltthaten, welche von den wilden, dummen, grausamen, russischen Gewalthabern an dem Glauben und der Sprache der Polen verübt werden, und bezeichnen das als Veranlassung der patriotischen Bestrebungen, aber ich kann das nicht einsehen. Um über diese Gewaltthaten empört zu sein und ihnen aus allen Kräften entgegenzuarbeiten, hat man nicht nötig, ein Pole noch ein Patriot zu sein, es genügt dazu ein Christ zu sein.

Im vorliegenden Fall zum Beispiel wetteifere auch ich, ohne selbst Pole zu sein, mit jedem Polen in dem Abscheu vor den wilden und dummen Maßregeln russischer Staatsmänner, die sie gegen den Glauben und die Sprache der Polen in Anwendung bringen, und sympathisiere auch mit Ihnen in dem Wunsch, diese Maßregeln zu bekämpfen, und nicht, weil ich den Katholizismus mehr liebe als einen anderen Glauben, oder weil ich die polnische Sprache mehr liebe als irgend eine andere, sondern deshalb, weil ich mich bemühe, Christ zu sein. Und damit solche Vorkommnisse weder in Polen, noch im Elsaß, noch in Tschechien sich ereignen, ist nicht eine Ausbreitung des Patriotismus, sondern die Verbreitung des wahren Christentums notwendig.

Man kann sagen, daß wir das Christentum nicht kennen wollen und dann kann man den Patriotismus rühmen. Sobald wir uns aber zum Christentum bekennen, oder wenigstens zu der daraus hervorgehenden Anerkennung der Gleichheit der Menschen oder der Achtung der Menschenwürde, so findet der Patriotismus keine Stelle. Mich wundert dabei hauptsächlich, wie wenig die Verteidiger des Patriotismus unterdrückter Völker (wie vervollkommnet und verfeinert sie ihn sich auch vorstellen mögen) einsehen, wie schädlich der Patriotismus gerade ihren Zwecken ist.

In wessen Namen wurden und werden alle Gewaltthaten gegen die Sprache und den Glauben in Polen, den Ostseeprovinzen, im Elsaß, Tschechien und gegen die Juden in Rußland verübt? Nur im Namen desselben Patriotismus, den sie verteidigen.

Fragen Sie unsere wilden Russifikatoren in Polen, in den Ostseeprovinzen und die Verfolger der Juden, warum sie so handeln. Sie werden Ihnen sagen, das geschehe zur Verteidigung des angestammten Glaubens und der Muttersprache, sie werden Ihnen sagen, wenn sie das nicht thun würden, so würde der angestammte Glauben und die Muttersprache darunter leiden, die Russen würden sich polonisieren, germanisieren oder judaisieren.

Wenn nicht gelehrt würde, der Patriotismus sei etwas Gutes, so würden sich keine abscheulichen Menschen finden, welche am Ende des neunzehnten Jahrhunderts solche Ungeheuerlichkeiten verüben, wie es jetzt vorkommt.

Jetzt widmen sich auch Gelehrte – (bei uns ist der wildeste Verfolger des Glaubens ein früherer Professor) – dem Kampf für den Patriotismus. Sie kennen alle die nutzlosen Greuel der Verfolgung von Sprache und Glauben, aber die Lehre des Patriotismus rechtfertigt sie. Der Patriotismus giebt ihnen den Standpunkt des Kampfes, das Christentum aber nimmt ihnen denselben unter den Füßen weg und darum müssen die unterjochten Völker, welche unter der Unterdrückung leiden, den Patriotismus vernichten, die theoretischen Grundlagen zerstören, ihn verlachen, aber nicht rühmen.

Zu Gunsten des Patriotismus spricht man auch von der Individualität der Völkerschaften, sowie davon, der Patriotismus habe den Zweck, die Individualität der Völker zu retten. Die Individualität der Völker aber hält man für eine notwendige Vorbedingung zum Fortschritt. Wer aber hat gesagt, daß die Individualität eine notwendige Vorbedingung des Fortschrittes sei? Das ist durch nichts bewiesen, und wir haben nicht das Recht, dies als einen feststehenden Satz, als ein Axiom anzusehen. Zweitens wenn wir auch zugeben würden, es sei so, so besteht auch dann für ein Volk das Mittel, seine Individualität zu äußern, nicht darin, sich Mühe zu geben, sie an den Tag zu legen, sondern im Gegenteil darin, die eigene Individualität zu vergessen und dann mit allen Kräften das zu thun, wozu das Volk sich am meisten befähigt und daher berufen fühlt, – ganz ebenso wie ein einzelner Mensch nicht dadurch seine Individualität äußert, daß er sich um dieselbe bemüht, sondern dadurch, daß er sie vergißt, und dann nach dem Maß seiner Kräfte und Fähigkeiten das thut, wozu ihn seine Natur hinzieht. Das ist ganz dasselbe, wie die Sorge darum, daß die Menschen, welche zur Erhaltung ihrer Gemeinde arbeiten, verschiedenartige Arbeiten vollbringen und an verschiedenen Stellen. Wenn nur jeder nach dem Maß seiner Kräfte und Fähigkeiten das für die Gemeinde Nötigste thut und es aus allen seinen Kräften thut, so werden sie alle unwillkürlich verschieden mit gleichen Werkzeugen und an verschiedenen Orten arbeiten. Einer der gewöhnlichen Sophismen, welcher zur Verteidigung des Unsittlichen angewendet wird, besteht darin, daß man absichtlich das, was ist, mit dem, was sein soll, vermischt, daß man von dem einen spricht und das andere meint. Und dieser selbe Sophismus wird am meisten auch in Bezug auf den Patriotismus angewendet. Jedem Polen ist ein Pole am teuersten, dem Deutschen ein Deutscher, dem Juden ein Jude, dem Russen ein Russe. Es ist sogar oft der Fall, daß infolge historischer Veranlassungen und einer anderen Erziehung die Leute eines Volkes unbewußt einen Widerwillen und Abneigung für Menschen aus dem anderen Volk empfinden. Alles das ist so, aber die Erkenntnis, daß das so ist, sowie auch die Nichterkenntnis dessen, daß jeder Mensch seine Person mehr liebt als die anderer Menschen, können keineswegs beweisen, daß das so sein müsse, im Gegenteil: Die Aufgabe der ganzen Menschheit und jedes einzelnen Menschen besteht hier nur darin, diese Bevorzugung und diesen Widerwillen zu beseitigen, sie zu bekämpfen und mit Bewußtsein in Bezug auf andere Völker ganz ebenso zu verfahren, wie man in Bezug auf das eigene Volk und die eigenen Landsleute verfährt. Es ist vollständig überflüssig, den Patriotismus als ein Gefühl zu behandeln, dessen Erregung in jedem Menschen wünschenswert sei. Gott oder die Natur sorgen schon ohne unser Zuthun für dieses Gefühl, so daß es in jedem Menschen vorhanden ist, und wir uns um die Entwicklung desselben in uns und anderen nicht zu bemühen brauchen. Nicht um den Patriotismus haben wir uns zu bemühen, sondern darum, daß wir dieses Licht, das in uns ist, ins Leben einführen, es abändern und dem Ideal nähern, das vor uns steht. Das Ideal aber, das in jetziger Zeit vor jedem Menschen steht, welcher mit dem wirklichen Licht Christi erleuchtet ist, besteht nicht in der Wiederherstellung Polens, Böhmens, Irlands, Armeniens und nicht in der Erhaltung der Einheit und Größe Rußlands und Englands, Deutschlands und Österreichs, sondern im Gegenteil in der Vernichtung dieser Einheit und Größe Rußlands, Englands, Deutschlands und Österreichs, in der Vernichtung dieser gewaltsamen, unchristlichen Vereinigungen, die man Reiche nennt und welche jedem wahren Fortschritt im Wege stehen, den unterdrückten und unterworfenen Völkern Leiden verursachen und alles Übel, an welchem die heutige Menschheit krankt. Diese Vernichtung aber ist nur durch die wahre Aufklärung möglich: Durch die Erkenntnis dessen; daß wir nicht in erster Reihe Russen, Polen, Deutsche sind, sondern Menschen, Schüler eines Lehrers, Söhne eines Vaters und Bruders untereinander, und das haben die besten Vertreter des polnischen Volks begriffen, wie Sie das in Ihrer Abhandlung so schön darlegten. Und das begreift mit jedem Tag eine größere Menge von Menschen auf der ganzen Welt, daher sind die Tage des Reiches der Gewalt schon gezählt und die Befreiung, nicht nur der unterdrückten Völker, sondern auch der unterdrückten Arbeiter ist nahe, wenn wir selbst nicht das Herankommen dieser Befreiung dadurch verzögern, daß wir durch Wort und That an den Handlungen der Gewaltthat der Regierung teilnehmen. Die Anerkennung des Patriotismus in irgend einer Form als eine gute Eigenschaft und die Erregung desselben im Volk ist eines der hauptsächlichsten Hindernisse der Erreichung der vor uns stehenden Ideale.

Ich danke Ihnen sehr, geehrter Herr, für Ihren vortrefflichen Brief, für die schöne Abhandlung und für die Gelegenheit, die Sie mir dadurch gegeben haben, meine Gedanken über den Patriotismus noch einmal zu berichten, zu überlegen und auszusprechen.

Genehmigen Sie die Versicherung meiner Hochachtung.

10. September 1895.
Leo Tolstoi.

Patriotismus oder Frieden?

Geehrter Herr!

Sie wünschen, ich möchte mich in Bezug auf die Vereinigten Staaten »im Interesse der christlichen Folgerichtigkeit und des wahren Friedens« aussprechen, und drücken die Hoffnung aus, »daß die Völker sich bald auf das einzige Mittel zur Sicherung des internationalen Friedens besinnen werden«.

Ich hege dieselbe Hoffnung, weil die Verblendung, in der heutzutage sich die Völker befinden, welche den Patriotismus verherrlichen, ihre jungen Generationen im Aberglauben des Patriotismus erziehen, dabei aber die unvermeidlichen Folgen des Patriotismus, die Kriege, zu vermeiden wünschen – wie mir scheint, in jenes äußerste Stadium gelangt sind, in welchem der einfachste, jedem unbefangenen Menschen auf der Zunge liegende Gedanke herbeiführen kann, daß die Menschen einsehen, in welchem schreienden Widerspruch sie sich befinden.

Wenn man die Kinder fragt, welches von zwei unvereinbaren Dingen sie vorziehen, die ihnen beide gefallen, so antworten sie gewöhnlich: Das eine und das andere. Fragt man: »Willst Du Schlittschuh laufen oder zu Hause spielen,« so lautet die Antwort: »Ich will Schlittschuh laufen und zu Hause spielen.«

Ganz ebenso antworten die christlichen Völker auf die ihnen vom Leben gestellte Frage, was sie vorziehen, den Patriotismus oder den Frieden. Sie antworten: »Den Patriotismus und den Frieden,« – obgleich es ebenso unmöglich ist, den Patriotismus mit dem Frieden zu vereinbaren, als gleichzeitig auf die Schlittschuhbahn zu gehen und zu Hause zu bleiben.

Vor kurzem erhob sich zwischen den Vereinigten Staaten und England ein Streit wegen der Grenzen von Venezuela. Salisbury war unwirsch, Cleveland schrieb eine Botschaft an den Senat, auf beiden Seiten ertönte Kriegsgeschrei, auf den Börsen entstand eine Panik, Millionen Pfund Sterling und Dollars gingen verloren. Edison sagte, er werde neue Granaten erfinden, mit welchen man in einer Stunde mehr Menschen töten könne, als Attila während aller seiner Kriege, und beide Völker begannen, sich energisch zum Krieg vorzubereiten. Aber vielleicht deshalb, weil gleichzeitig mit diesen Kriegsvorbereitungen, sowohl in England als in Amerika, verschiedene Schriftsteller, Prinzen und Staatsmänner die Regierungen ermahnten, sich des Krieges zu enthalten, weil der Streitgegenstand nicht wichtig genug sei, um einen Krieg anzufangen, besonders zwischen zwei verwandten angelsächsischen Völkern, welche dieselbe Sprache sprechen und einander nicht bekriegen, sondern ruhig über andere Völker herrschen sollten – oder vielleicht deswegen, weil Bischöfe, Erzpriester und niedere Geistliche aller Art in ihren Kirchen um Erhaltung des Friedens beten, – oder auch deshalb, weil beide Teile sich für noch nicht genügend kriegsbereit hielten, kam es für dieses Mal nicht zum Krieg. Und die Menschen beruhigten sich.

Es gehört wenig *perspicacité* (Scharfsinn) dazu, einzusehen, daß die Ursachen, welche jetzt den Streit zwischen England und Amerika herbeiführten, dieselben geblieben sind, und daß, wenn auch der jetzige Streit ohne Krieg beigelegt wurde, doch heute oder morgen andere Kriegsfälle zwischen England und Deutschland, England und Rußland, England und der Türkei aus allen möglichen Ursachen entstehen können, wie sie sich alltäglich zeigen, und daß irgend einer dieser Streitpunkte unvermeidlich zum Krieg führen wird.

Wenn zwei bewaffnete Menschen nebeneinander leben, welchen von Kindheit auf eingeredet wurde, daß Macht, Reichtum und Ruhm die höchsten Vorzüge seien, und daß es daher ein ruhmwürdiges Beginnen sei, Macht, Reichtum und Ruhm mit den Waffen zu erwerben, wenn auch zum Nachteil anderer benachbarter Herrscher, und wenn zugleich über diesen Menschen weder eine sittliche, noch religiöse, noch staatliche Macht steht, die sie einschränkt, so ist es klar, daß diese Menschen immer Krieg führen werden, daß das normale Verhältnis zwischen ihnen der Krieg sein wird, und daß, wenn diese Menschen auch zeitweilig von einander ablassen, dies, doch nur geschieht, wie der Franzose sagt: »*Pour mieux sauter*« um besser zu springen, das heißt, sie trennen sich, um einen Anlauf zu nehmen und um sich mit vermehrter Wut aufeinander zu stürzen.

Schrecklich ist der Egoismus im gewöhnlichen Leben, aber die Egoisten des Alltagslebens sind nicht bewaffnet und halten es nicht für ruhmwürdig, Waffen gegen ihresgleichen anzuwenden. Ihr Egoismus wird durch die Staatsgewalt und die öffentliche Meinung beschränkt. Ein Privatmann, welcher mit den Waffen in der Hand seinem Nachbar eine Kuh oder Saatkorn raubt, wird sogleich von der Polizei ergriffen und ins Gefängnis gebracht. Außerdem wird ein solcher Mensch von der öffentlichen Meinung verurteilt und Dieb und Räuber genannt. Ganz anders aber ist es im staatlichen Leben. Alle Staaten sind bewaffnet, keine höhere Gewalt steht über ihnen, außer den komischen Bemühungen, den Vogel zu fangen und ihm Salz auf den Schwanz zu streuen – nämlich den Versuchen, internationale Friedenskongresse zu errichten, welche augenscheinlich niemals von mächtigen Staaten angenommen werden (die sich ja eben deshalb bewaffnet haben, weil sie sich niemand unterordnen wollen). Und dazu kommt noch, daß die öffentliche Meinung, welche jede Gewaltthat eines gewöhnlichen Menschen verurteilt, jede Aneignung fremden Gutes zur Vergrößerung der Macht seines Vaterlandes rühmt, als eine That des Patriotismus.

Zu welcher Zeit man auch in eine Zeitung blickt, stets findet man irgend einen schwarzen Punkt, welcher die Ursache eines Krieges werden kann. Bald ist es Korea, bald Pamir, bald sind es afrikanische Länder, Abessinien oder Armenien, die Türkei, Venezuela oder Transvaal. Die Raubthaten hören keinen Augenblick auf. Unaufhörlich bricht bald hier, bald dort ein kleiner Krieg aus, wie das Feuer in einer Schützenkette, und jeden Augenblick kann ein großer Krieg beginnen.

Wenn ein Amerikaner vor allen anderen Ländern der Größe und Wohlfahrt Amerikas seine Wünsche weiht, so wünscht auch ein Engländer dasselbe für sein Vaterland, und dasselbe wünscht auch ein Russe, ein Türke, ein Holländer, ein Abessinier, ein Bewohner von Venezuela oder von Transvaal, ein Armenier, ein Pole und ein Tscheche, und alle sind überzeugt, daß man diese Wünsche nicht verbergen und unterdrücken dürfe, sondern, daß man sich ihrer rühmen könne und sie bei sich und anderen erwecken müsse, und wenn die Größe und Wohlfahrt eines Landes und Volkes nicht anders gefördert werden kann, als mit Benachteiligung eines oder gar mehrerer anderer Länder und Völker – so ist der Krieg unvermeidlich. Und darum ist das wirksamste Mittel zur Vermeidung des Krieges nicht, Predigten und Gebete um Erhaltung des Friedens zu lesen, noch die englisch sprechenden Nationen zur Freundschaft unter sich zu ermahnen, um über andere Völker zu herrschen, noch Zweibünde und Dreibünde gegeneinander zu errichten, noch Prinzen mit Prinzessinnen zu verheiraten, sondern notwendig ist vor allem, das zu vernichten, was den Krieg hervorbringt. Der Krieg aber wird durch den Wunsch ausschließlichen Wohlergehens für das eigene Volk, das, was man Patriotismus nennt, hervorgebracht. Will man den Krieg abschaffen, so muß man also den Patriotismus abschaffen. Um aber den Patriotismus abzuschaffen, muß man vor allem sich selbst überzeugen, daß er vom Übel ist, und das ist eben schwer. Sagt man den Menschen, der Krieg sei schlecht, so werden sie lachen, denn das weiß jedermann. Sagt man ihnen, der Patriotismus sei schlecht, so wird die Mehrzahl beistimmen, aber mit einem kleinen Vorbehalt: »Ja, der schlechte Patriotismus ist schlecht, aber es giebt noch einen anderen Patriotismus, den, an welchen wir uns halten.« Aber worin dieser gute Patriotismus besteht, das erklärt niemand. Wenn der gute Patriotismus darin besteht, daß man nicht eroberungssüchtig ist, wie viele sagen, so ist doch der Patriotismus unfehlbar konservativ, das heißt: von solcher Art, daß die Menschen behalten wollen, was früher erobert wurde. Denn es giebt kein Reich, das nicht durch Eroberung gegründet worden wäre, und das Eroberte zu behaupten, ist durch keine anderen Mittel möglich, als eben durch dieselben, durch welche erobert wird, nämlich Gewaltthat, Mord. Wenn der Patriotismus wirklich nicht konservativ ist, so ist er wiederherstellend – der Patriotismus unterdrückter Völker, Armenier, Polen, Tschechen, Irländer und so weiter. Und dieser Patriotismus ist beinahe der schlimmere, weil er der grimmigste ist und noch heftiger nach Gewaltthat verlangt.

Der Patriotismus kann nicht gut sein. Warum sagen die Leute nicht, der Egoismus könne gut sein, obgleich dies leichter zu behaupten wäre, weil der Egoismus ein natürliches Gefühl ist, mit welchem der Mensch geboren wird, während der Patriotismus ein künstliches, ihm eingeimpftes Gefühl ist.

Man sagt: »Der Patriotismus verband die Menschen zu Reichen und erhält die Einheit der Reiche,« aber die Menschen haben sich schon zu Reichen vereinigt, das ist eine vollendete Thatsache. Warum aber soll man jetzt die ausschließliche Hingebung der Menschen für ihr Reich begünstigen, wenn diese Hingebung den Reichen und Völkern schreckliches Elend bringt? Derselbe Patriotismus, welcher die Einigung der Menschen zu Reichen veranlaßt hat, zerstört jetzt dieselben Reiche. Wenn es nur eine Art von Patriotismus gäbe, wie der Patriotismus der Engländer allein, so könnte man ihn für vereinigend oder tugendhaft halten, aber wenn es so wie jetzt sehr verschiedene Arten gibt: einen amerikanischen, englischen, deutschen, französischen, russischen, welche alle einander gegenüberstehen, so wirkt der Patriotismus nicht mehr vereinigend, sondern trennend. Wollte man sagen, wenn der Patriotismus wohlthätig gewirkt habe, indem er die Menschen zu Reichen vereinigt habe, wie zur Zeit seiner Blüte in Griechenland und Rom, so sei ihr Patriotismus auch jetzt nach achtzehnhundertjährigem, christlichem Leben ebenso wohlthätig, so könnte man ebenso gut sagen, da das Pflügen für das Feld vor der Aussaat nützlich gewesen sei, so werde es auch jetzt ebenso nützlich sein, nachdem die Aussaat bereits vorüber ist.

Es wäre ja gut, wenn man dem Patriotismus das Andenken an jenen Nutzen bewahren könnte, welchen er einst den Menschen gebracht hat, ganz ebenso wie die Menschen das Andenken an altertümliche Denkmäler, Kirchen, Grabmäler und so weiter bewahren. Aber die Kirchen und Gräber stehen still und fügen den Menschen keinen Schaden zu, der Patriotismus aber verursacht den Menschen unzählige Leiden.

Warum leiden und morden sich jetzt auf wilde Weise die Armenier und Türken? Warum sind England und Rußland jedes mit der ferneren Erbschaft der Türkei beschäftigt und sehen den Mordthaten in Armenien unthätig zu. Warum morden sich die Abessinier und Italiener? Warum wollte kürzlich ein schrecklicher Krieg wegen Venezuela ausbrechen und dann wegen Transvaal? Und der chinesisch-japanische Krieg und der türkische, deutsche und französische? Und die Schwächungen der unterworfenen Völker, Armenier, Polen, Irländer und die Kriegsrüstungen aller Völker? Alles sind Früchte des Patriotismus. Ströme von Blut sind wegen dieses Gefühls geflossen und werden noch seinetwegen fließen, wenn die Menschen sich nicht von diesem überlebten Überrest des Altertums befreien.

Schon mehrmals hatte ich über den Patriotismus zu schreiben, über die vollständige Unvereinbarkeit, nicht nur mit der Lehre Christi in ihrem idealen Sinn, sondern auch mit den niedrigsten sittlichen Anforderungen der christlichen Gesellschaft, und jedesmal antwortet man mir auf meine Beweisgründe durch Schweigen oder durch den hochmütigen Hinweis darauf, die von mir ausgesprochenen Gedanken seien Phantasien des Mysticismus, des Anarchismus und des Kosmopolitismus. Oft wurden meine Gedanken in gedrängter Form wiederholt, zugleich mit einer Erwiderung derselben. Es wurde nur hinzugefügt, das sei nichts anderes als Kosmopolitismus, als ob das Wort Kosmopolitismus alle meine Beweisgründe siegreich widerlegen würde. Ernste, kluge, gute, alte Leute, welche vor allem wie die Stadt auf der Höhe des Berges stehen, Leute, welche durch ihr Beispiel unwillkürlich die Massen leiten, stellen sich an, als ob die Rechtmäßigkeit und Tugendhaftigkeit des Patriotismus so sehr augenscheinlich und unzweifelhaft sei, daß es überflüssig sei, die leichtsinnigen und unsinnigen Angriffe auf dieses heilige Gefühl zu beantworten. Und die meisten Menschen, welche von Jugend auf durch den Patriotismus bethört wurden, halten dieses hochmütige Schweigen für einen überzeugenden Beweis und verharren in ihrer Unwissenheit.

Und darum begehen die Menschen eine große Sünde, welche durch ihre Stellung dazu beitragen, könnten, die Massen von ihren Irrtümern zu befreien, dies aber unterlassen.

Das Schrecklichste ist, daß es in der Welt Heuchelei gibt. Nicht umsonst war Christus nur ein einziges Mal erzürnt, und zwar über die Heuchelei der Pharisäer. Im Vergleich mit der Heuchelei unserer Zeit wären die Pharisäer die gerechtesten Menschen, und ihre Kunst der Heuchelei ist im Vergleich mit unseren Künsten ein Kinderspielzeug. Und anders kann es nicht sein. Unser ganzes Leben mit dem christlichen Bekenntnis, den Lehren der Demut und Liebe im Verein mit dem Leben einer bewaffneten Räuberbande kann nichts anderes sein als schreckliche Heuchelei. Es ist sehr bequem, sich zu einer solchen Lehre zu bekennen, welche an einem Ende die christliche Heiligkeit und darum Sündlosigkeit, am anderen Ende aber das heidnische Schwert und den Galgen hat. Auf diese Art kann man, um durch Heiligkeit zu imponieren und betrügen, die Heiligkeit vorkehren, wenn aber der Betrug mißlingt, Schwert und Galgen anwenden. Eine solche Lehre ist sehr bequem, aber die Zeit wird kommen, wo dieses Lügengewebe zerrissen wird, wo man nicht mehr beides in Anwendung bringen kann, und es notwendig wird, sich zu dem einen oder anderen zu halten. Dasselbe steht jetzt bevor in Bezug auf die Lehre vom Patriotismus.

Ob die Menschen wollen oder nicht, diese Frage steht jetzt vor der Menschheit: Auf welche Weise kann dieser Patriotismus, von welchem physische und geistige Leiden der Menschheit herstammen, nützlich und wohlthätig werden? Es ist notwendig, auf diese Frage eine Antwort zu finden.

Es ist notwendig, entweder zu beweisen, daß der Patriotismus ein großes Heil sei, das alles jenes schreckliche Elend aufwiegt, das er der Menschheit bringt, oder einzugestehen, daß der Patriotismus ein Übel ist, das man nicht nur den Menschen nicht einflößen darf, sondern vor welchem man sich mit allen Kräften zu bewahren suchen muß.

» *C'est à prendre ou à laisser,*« wie der Franzose sagt. Wenn der Patriotismus gut ist, so ist das Christentum, das den Frieden bringt, eine leere Phantasie, und je schneller diese Lehre ausgerottet wird, desto besser. Wenn aber das Christentum wirklich den Frieden bringt, und wir in Wahrheit den Frieden wollen, ist der Patriotismus ein Überrest der barbarischen Zeit und darf nicht anerzogen werden, wie wir das jetzt thun, sondern muß mit allen Mitteln ausgerottet werden: durch Predigt, Ermahnung, Verachtung, Spott. Wenn das Christentum die Wahrheit ist, und wir im Frieden leben wollen, so kann man nicht nur nicht für die Macht seines Vaterlandes schwärmen, sondern man muß sich freuen über seine Schwächung und dazu mitwirken. Der Russe muß sich freuen, wenn sich Polen und das Ostseegebiet, Finnland, Armenien von ihm trennen und sich befreien, und der Engländer muß sich freuen über dasselbe in Beziehung auf Irland, Australien, Indien und andere Kolonien und dazu mitwirken, weil, je größer das Reich ist, um so bösartiger und grausamer auch sein Patriotismus ist und um so größere Leiden seine Macht hervorbringt.

Und darum, wenn wir wirklich sein wollen, was wir zu sein bekennen, so müssen wir nicht wie jetzt die Vergrößerung unseres Reiches, sondern die Verkleinerung und Schwächerung desselben wünschen und mit allen Kräften danach streben, und müssen den jungen Generationen bei der Erziehung einprägen, daß es eine Schande für einen Menschen ist, seinen groben Egoismus darin zu zeigen, daß er alles aufißt und für andere nichts übrig läßt, daß er den Schwächeren aus dem Wege stößt, um selbst bequemer vorüberzugehen, daß er mit Gewalt wegnimmt, was ein anderer bedarf, und daß es auch eine Schande wäre, nach der Vergrößerung der Macht seines Vaterlandes zu streben, und daß ebenso dumm und lächerlich wie die Selbstverherrlichung auch die Verherrlichung seines Volkes ist, wie sie jetzt in verschiedenen pseudopatriotischen Geschichten, Bildern, Denkmälern, Lehrbüchern, Erzählungen, Gedichten, Predigten, sowie in den einfältigen Volkshymnen geübt wird. Aber man muß begreifen, daß, so lange wir den Patriotismus verherrlichen und in den jungen Generationen aufziehen, bei uns die Kriegsbereitschaft herrschen wird, welche das physische und geistige Leben der Völker zerstört, und daß auch Kriege kommen werden, entsetzliche Kriege, wie diejenigen, zu denen wir uns jetzt vorbereiten.

Kaiser Wilhelm hat kürzlich ein Bild gemalt, in welchem die Völker Europas bewaffnet am Ufer des Meeres stehen und nach Anweisung des Erzengels Michael nach den in der Ferne sichtbaren Gestalten von Buddha und Confucius blicken. Nach der Absicht des Malers sollte dies bedeuten, daß die Völker Europas sich vereinigen sollten, um der von dorther sich nahenden Gefahr entgegenzutreten, und er hat vollkommen recht, auch von seinem Standpunkt als Patriot aus. Die europäischen Völker haben Christus im Namen ihres Patriotismus vergessen und haben diese friedlichen Völker aufgereizt und sie Patriotismus und Kriegskunst gelehrt, und jetzt haben sie sie so sehr aufgestachelt, daß, wenn in Wirklichkeit Japan und China die Lehre von Buddha und von Confucius ebenso vergessen, wie wir die Lehre Christi vergessen haben, sie sehr bald die Kunst, Menschen zu morden, lernen (das geht sehr schnell, wie die Japaner beweisen) und furchtlos, gewandt, stark und zahlreich werden und unfehlbar sehr bald aus den Ländern Europas dasselbe machen werden, was die Länder Europas aus Afrika machen, wenn die Europäer nicht verstehen, ihnen etwas Stärkeres entgegenzusetzen, als die Waffen und die Erfindungen Edisons. Der Jünger ist nicht über seinem Meister. Wenn der Jünger ist wie sein Meister, so ist er vollkommen. (Lucas VI, 40.)

Auf die Frage eines Fürsten, wie und um wieviel er seine Truppen vermehren solle, um ein südlich von ihm lebendes, noch nicht unterworfenes Volk zu besiegen, erwiderte Confucius: »Beseitige Deine ganze Truppenmacht. Verwende das, was Du jetzt für die Truppen ausgiebst, auf die Erleuchtung Deines Volkes und auf die Verbesserung der Landwirtschaft, dann wird das südliche Volk seinen Fürsten verjagen und sich ohne Krieg Deiner Gewalt unterwerfen.«

So lehrte Confucius, welchen man so verehrt. Wir aber haben die Lehre Christi vergessen, verleugnen ihn und ziehen aus, um Völker mit Gewalt zu unterwerfen, und dadurch machen wir uns nur neue und stärkere Feinde als unsere Nachbarn. Einer meiner Freunde, welcher das Bild Kaiser Wilhelms gesehen hatte, sagte: »Das Bild ist schön, nur stellt es nicht das vor, was die Unterschrift besagt: Es stellt dar, wie der Erzengel Michael allen Völkern Europas, welche als schwerbewaffnete Räuber dargestellt sind, das zeigt, was sie zu Grunde richtet, nämlich die Milde Buddhas und den Verstand des Confucius.« Er hätte hinzufügen können »und die Demut des Lao-Tse«. Und wir haben wirklich dank unserer Heuchelei Christus so sehr vergessen und aus unserem Leben alles Christliche ausgerottet, daß die Lehren des Buddha und des Confucius unvergleichlich höher stehen als jener barbarische Patriotismus, durch den sich unsere pseudochristlichen Völker leiten lassen.

Und darum liegt die Rettung Europas und der christlichen Welt überhaupt nicht darin, daß sie sich wie Räuber mit Schwertern umgürten, um Menschen jenseits des Meeres zu morden, sondern im Gegenteil darin, daß sie sich von den Überresten der barbarischen Zeiten, dem Patriotismus, lossagen, die Waffen ablegen und den Völkern des Ostens nicht das Beispiel eines wilden, barbarischen Patriotismus geben, sondern das Beispiel brüderlicher Liebe, wie uns Christus gelehrt hat.

Moskau, den 5. Januar 1896. Leo Tolstoi

www.ingramcontent.com/pod-product-compliance
Lightning Source LLC
LaVergne TN
LVHW051923060526
838201LV00060B/4161